Société d'Agriculture de la Haute-Garonne.

NOTICE NÉCROLOGIQUE

SUR

M. AUGUSTE PUJOL

Par M. D'ANDRÉ, Membre résidant.

TOULOUSE
Imprimerie Louis & Jean-Matthieu DOULADOURE
Rue Saint-Rome, 39
1876

Société d'Agriculture de la Haute-Garonne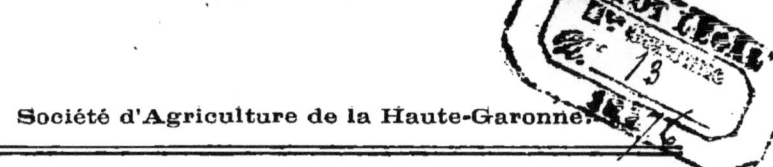

NOTICE NÉCROLOGIQUE

SUR

M. AUGUSTE PUJOL

Par M. D'ANDRÉ, Membre résidant.

TOULOUSE
IMPRIMERIE LOUIS ET JEAN-MATTHIEU DOULADOURE
39, RUE SAINT-ROME, 39.

1876

NOTICE NÉCROLOGIQUE

SUR

M. AUGUSTE PUJOL

Messieurs,

Honorer la mémoire des confrères que nous avons perdus, est une pieuse tradition parmi nous. En y demeurant fidèle, la Société leur témoigne ses légitimes regrets et se fortifie par leur exemple. Elle m'a confié le soin de retracer devant vous la vie de M. Auguste Pujol, qu'une mort prématurée a enlevé récemment à notre affection. Pour vous entretenir dignement de cet excellent confrère, vous montrer ses qualités de cœur et d'esprit, vous représenter son intelligence vive et son insouciance spirituelle, il aurait fallu des talents qui me manquent. On s'est souvenu qu'une constante et sincère amitié m'avait depuis longtemps lié à celui dont je viens vous parler, et vous voudrez bien me pardonner d'avoir consenti à payer votre dette pour acquitter en même temps la mienne.

« Il faut en France, a dit Labruyère, beaucoup de fermeté et une grande étendue d'esprit pour se passer des charges et des emplois, et consentir ainsi à demeurer chez soi et à ne rien faire. Personne presque n'a assez de mérite pour jouer ce rôle avec dignité, ni assez de fond pour remplir le vide du temps, sans ce que le vulgaire appelle les affaires. Il ne manque cependant à l'oisiveté du Sage qu'un meilleur nom, et que méditer, parler, lire et être tranquille, s'appelât travailler. »

Cette pensée m'a paru être une peinture morale et exacte de la personnalité de M. Auguste Pujol. Une vaste érudition, un esprit fin et élégant, un sentiment exquis des arts, une originalité spirituelle rendaient séduisants sa conversation et ses écrits ; un respect absolu des règles qui constituent l'école classique en faisait dans notre temps comme un survivant attardé des grandes époques littéraires. Il disait souvent, avec un goût parfait, que les plus belles choses sont les plus simples ; que la meilleure façon de les exprimer est aussi la plus simple parce que c'est la plus vraie, et il en donnait constamment pour preuve sa manière même d'écrire et de parler.

Un ensemble aussi varié d'aptitudes lui permettait de se suffire à lui-même ; il travaillait souvent, sans qu'on pût s'en douter autour de lui, par la méditation et la lecture ; l'ambition ne le troubla jamais ; il n'eût que celle d'être utile à ses amis, et il lui arriva d'obtenir pour eux ce qu'il eût été incapable de solliciter pour lui. Je puis affirmer ici qu'il refusa avec dignité des positions avantageuses, que les circonstances lui auraient permis d'accepter, et que l'occasion semblait lui offrir ; rare exemple de désintéressement qui nous montre dans Auguste Pujol plus de souci pour son indépendance que pour son intérêt. Toute proposition lui était odieuse si elle pouvait coûter quelque chose à sa liberté ou à cette oisiveté particulière qu'il affectionnait, parce qu'elle lui permettait de méditer ou de lire sur des sujets à son goût.

Tels sont les grands traits du caractère de notre cher et regretté confrère ; vous allez les retrouver dans les diverses circonstances de sa vie sans qu'ils se soient démentis un seul instant.

M. Auguste Pujol naquit à Venerque (Haute-Garonne), dans l'année 1822. Il appartenait à une famille honorable que des revers de fortune avaient frappée, et à laquelle le travail s'imposait impérieusement. M. Pujol père était instruit dans les sciences et dans les lettres ; il avait la réputation méritée d'un professeur distingué. On comprend tout ce que pouvait produire sur la jeune intelligence de son fils la direction d'un tel maître. Auguste Pujol, préparé par ses leçons, entra au collége royal de Toulouse, où il obtint les plus brillants succès. Il y montra bientôt une aptitude prononcé pour les travaux littéraires et s'adonna à l'étude des Anciens. Ce penchant, on peut le dire, ne l'abandonna jamais, et il aimait toujours à se retrouver avec les grands auteurs de l'antiquité par la lecture et le souvenir. Le grec et le latin le passionnaient. Il recherchait ceux qui partageaient son goût et il était heureux de leur communiquer ses idées et son sentiment sur les textes dont il recherchait les intentions fines et les nuances diverses.

M. Pujol père avait sans doute espéré que son fils partagerait un jour avec lui la direction d'une maison d'enseignement qu'il avait fondée à Toulouse ; la destinée de notre confrère ne permit pas la réalisation de ce projet. Auguste Pujol, que d'éclatants succès avaient déjà signalé, quitta Toulouse après avoir subi ses épreuves du baccalauréat et alla à Paris pour s'y perfectionner. Il y arriva et y vécut sous le patronage de M. Léonce de Lavergne, ami de son père, et avec lequel ses relations ne cessèrent jamais.

Il mit à profit son séjour dans la capitale ; il s'y trouva, grâce à M. de Lavergne, placé dans un milieu dont il n'avait pas l'idée à Toulouse. Il pouvait fouiller curieusement dans les bibliothèques publiques, suivre les cours, assister aux débats parlementaires, connaître enfin les hommes les plus illustres de cette époque. Son intelligence s'épanouissait sous l'influence de ce monde supérieur et nouveau. Il s'occupa avec ardeur de botanique et de littérature ; il voulut connaître la musique pour laquelle il avait toujours eu un goût marqué ; il apprit encore la science de l'harmonie. N'allez pas croire, messieurs, qu'il ait comme beaucoup d'autres effleuré seulement ces choses ; il les étudia avec intelligence et arriva à les posséder réellement. Ses travaux dans la science musicale sont certainement les moins connus, parmi ceux auxquels il se livra, et cependant il convient de remarquer qu'entre tout ce qu'il avait entrepris, c'est peut-être ce qu'il avait poussé le plus loin. Il parlait peu sur ce sujet, parce qu'il rencontrait rarement un interlocuteur capable de l'entendre. Il se dédommageait avec bonheur quand le hasard le mettait en rapport avec des musiciens. La connaissance qu'il avait des secrets de l'art musical et de la composition lui permit d'apprécier sûrement les œuvres théâtrales ou religieuses de nos grands compositeurs et son jugement ne fut jamais contredit.

Pendant que M. Auguste Pujol s'occupait de toutes ces choses pour l'unique satisfaction de son esprit, il se livrait aussi à d'autres travaux. Il était devenu un des principaux collaborateurs du dictionnaire encyclopédique usuel de Saint-Laurent, vaste compilation qu'il rédigea en grande partie, et dont il surveilla l'impression avec un soin particulier. Cet ouvrage, extrêmement étendu, obtint auprès du public un véritable succès. Cependant il eut le sort de toute encyclopédie ; il tomba bientôt devant de nouveaux dictionnaires du même genre, destinés à céder la place à leur tour à d'autres publications plus au courant du progrès des connaissances humaines. Quoique le dictionnaire encyclopédique de Saint-Laurent soit aujourd'hui en retard par rapport à l'état actuel de la science, il est bien des sujets qui s'y trouvent traités et pour lesquels on peut le consulter encore avec fruit. Il suffit de jeter un coup d'œil sur cet énorme volume aux caractères compactes, à la matière entassée, pour juger de l'immense labeur auquel notre confrère dut se soumettre pour arriver au terme de l'entreprise.

Auguste Pujol avait à peine dix-huit ans quand il était arrivé à Paris. Tout en travaillant au grand ouvrage dont je viens de parler, il trouva le temps de publier, en 1843, sous le titre d'*OEuvres choisies de Napoléon,* une collection de lettres et documents émanés de l'Empereur, mis en ordre et précédés d'une étude littéraire. Un résumé historique des événements facilitait au lecteur l'intelligence de ces divers écrits.

A peu près à la même époque, notre confrère composait encore une *Histoire de Paris,* excellent ouvrage en un volume, dont le mérite est d'être à la fois complet et succinct.

Les heures s'écoulent rapidement quand on peut les partager entre le travail et les jouissances que provoquent les merveilles de l'art et de la science ; M. Auguste Pujol avait eu l'heureuse fortune de leur donner tout son temps. Son séjour de plusieurs années à Paris lui semblait n'avoir eu qu'une courte durée, tant il en avait bien rempli tous les instants. Ce fut avec un vif regret qu'il quitta cette vie pleine d'attrait pour venir se fixer définitivement dans notre ville en qualité de rédacteur-adjoint au *Journal de Toulouse.*

Ce journal était alors, comme il l'a été depuis, un des principaux organes de la presse toulousaine. Il avait pour rédacteur en chef, M. Dutour, homme d'une grande sagesse, d'une prudence éprouvée, et dont le souvenir s'est conservé parmi nous. C'est sous la direction de ce maître habile que M. Pujol commença son rôle de journaliste qu'il ne devait plus abandonner. La rédaction du journal offrait plus de difficultés qu'on ne croit, et quoique M. Pujol et M. Dutour aient constamment évité de produire des articles de fond sur les événements ou les questions qui pouvaient passionner l'opinion publique, on ne peut méconnaître, cependant, qu'ils ont su, par un choix d'emprunts habilement faits aux journaux de Paris, manifester leurs sentiments. Ces manifestations, d'un caractère généralement modéré, firent la fortune du journal auprès d'une foule de lecteurs appartenant à des partis bien divers.

Personne n'ignore que c'est en 1853 que fut fondée la Société d'horticulture de Toulouse, mais ce qu'on ne sait pas généralement, c'est que la première pensée de sa création se produisit dans les bureaux du journal. MM. Dutour et Pujol l'accueillirent avec empressement et en devinrent les propagateurs auprès des hommes les plus éminents de la science. M. Pujol surtout déploya en cette circonstance un zèle ardent pour faire réussir cette nouvelle entreprise ; une organisation fut arrêtée, des statuts furent rédigés et le succès ne se fit pas attendre ; vous pouvez juger aujourd'hui par le développement de la Société d'horticulture combien la pensée de la créer, à laquelle s'associa notre confrère, était féconde.

On devait un témoignage de gratitude à tant de soins et d'efforts ; la Société d'horticulture ne l'a pas marchandé à notre confrère ; elle lui avait donné, avec une unanimité spontanée, un rôle des plus importants en le nommant secrétaire général. C'est dans l'accomplissement de ces fonctions et dans de nombreux et charmants rapports, qu'il a trouvé l'occasion de traiter une foule de sujets se rattachant à l'horticulture et dont on ne sait ce qu'il faut le plus admirer, ou des connaissances du botaniste, ou des grâces merveilleuses de l'écrivain.

L'horticulture a des points communs avec l'agriculture. Sur bien des sujets l'une et l'autre se confondent. M. Pujol, quoique étranger à vos travaux, se rattachait déjà à vous par tous les liens qui unissent la science agricole à l'horticulture. Il lui semblait, avec raison, que ces deux sciences se complètent mutuellement, et, dès ce moment, il souhaita de devenir membre de votre Société.

Après la mort de M. Dutour, la direction du *Journal de Toulouse* fut confiée définitivement à M. Pujol. Il s'attacha à suivre la ligne de conduite que son prédécesssur lui avait tracée. Ses lecteurs habituels ont pu se rendre compte de l'action qu'il exerçait: à part quelques rares circonstances, où il jugea opportun de donner son avis sur les élections municipales, nous ne voyons jamais se manifester ostensiblement le rédacteur en chef ; mais on sent toujours son influence à la façon dont l'ensemble de son journal est composé. C'est là, qu'on ne s'y trompe pas, une habileté dont bien peu de gens auraient été capables ; agir sur l'opinion sans s'adresser directement à elle, sans lui parler en quelque sorte, voilà l'étrange secret auquel il avait été initié et dont il sut faire un usage merveilleux.

Ce n'est pas ici, messieurs, qu'il convient de rechercher quel était le but politique qu'il désirait atteindre. M. Auguste Pujol était surtout un homme modéré et sage, respectueux des droits de l'autorité et des opinions d'autrui. Il évitait de froisser les uns aussi bien que les autres. On le jugerait mal si on attribuait une telle réserve à un sentiment exagéré de prudence ou à un excès de timidité. Sa modération tenait surtout à sa nature essentiellement tolérante. On s'explique ainsi comment des relations affectueuses ont pu naître et se maintenir entre lui et bien des personnes dont les vues et les désirs étaient complétement opposés aux siens. Il estimait chez tous les hommes les hautes qualités du cœur et recherchait, en les étudiant, moins ce qui pouvait l'éloigner d'eux que ce qui devait l'en rapprocher. C'est à ce sentiment qu'il obéissait lorsqu'il publia l'éloge de M. de Montbel. Certes, les principes politiques de M. de Montbel ne furent jamais ceux de son panégyriste, et, cependant, il y a dans l'hommage rendu par M. Pujol aux vertus et à la fidélité de cet homme de bien, un accent de conviction qui provoque l'estime en faveur de son auteur. Vous dirai-je avec quelle délicatesse y était tracé le portrait de notre illustre toulousain ? Je ne puis assurément vous rien exprimer qui vous en donne l'idée. M. Pujol se montra dans cette circonstance un écrivain du plus haut mérite et fut digne de celui qu'il voulait louer.

Son journal n'était pas seulement politique : il contenait aussi des articles scientifiques et agricoles sur notre région, l'agriculture était une des préoccupations de M. Pujol, qui suivait avec attention les travaux de notre Société, quoiqu'il n'en fit pas encore partie ; il publiait avec exactitude le compte rendu de nos séances, et accueillait avec empressement toutes les communications de nature à vous intéresser. C'était un titre important qu'il acquérait auprès de vous et de l'agriculture dont vous êtes les représentants autorisés dans le département. Vous voulûtes vous l'attacher en le plaçant au nombre de vos associés non résidants, et depuis ce moment il participa d'une manière si assidue à vos travaux, il rendit de tels services par les comptes rendus qu'il en publiait toutes les semaines, que vous lui deviez un rang plus élevé. Vous le lui donnâtes avec le titre d'associé résidant.

L'existence de M. Pujol avait été jusqu'à ce moment entièrement tranquille et heureuse ; livré au journalisme, que l'habitude lui avait rendu facile, il disposait d'une grande partie de son temps et se livrait à ses récréations ordinaires, c'est-à-dire à ses études littéraires qu'il n'avait jamais interrompues. Il était entouré d'affection dans sa famille, et voyait ses jeunes enfants grandir sous ses yeux, lorsqu'une catastrophe soudaine, la mort de son fils, vint le frapper cruellement. M. Pujol demeura inconsolable ; et depuis lors, détaché de tout, indifférent, songeant toujours à la perte qu'il avait faite, il semblait fuir les réunions où il aurait pu trouver des distractions devenues nécessaires. Il s'éloigna de nous peu à peu et nous ne le vimes plus que rarement à nos séances. D'ailleurs sa santé était devenue chancelante ; il était atteint d'un mal qui se manifestait par des retours menaçants ; il demeura sourd à ces avertissements répétés, ne voulant pas croire au danger qu'il courait.

Ce n'est pas seulement vous, messieurs, qui aviez tenu à le posséder ; l'Académie des sciences inscriptions et belles lettres de Toulouse, voulut aussi le compter parmi ses membres, et elle fut heureuse de l'admettre dans son sein. Auguste Pujol paya sa bienvenue à cette savante compagnie, par un remarquable travail sur Dalayrac, compositeur toulousain, dont les œuvres sont peu connues aujourd'hui, mais qui avait, du temps de nos pères, rempli le théâtre de ses gracieuses partitions. C'est dans cette étude que se manifeste le musicien, l'homme de goût, l'harmoniste. M. Pujol, sans qu'il soit nécessaire de rappeler ici ses qualités d'écrivain si connues parmi vous, nous a montré les procédés du maître qu'il avait étudié, ses habitudes et son genre. On sait qu'il était heureux de reconnaître dans Dalayrac, un des maîtres de l'Ecole française, comme il avait été flatté de reconnaître un enfant de Toulouse dans le type de l'honneur chevaleresque et de la fidélité royaliste, dont M. de Montbel lui avait présenté la personnification. Il parlait avec orgueil des hommes célèbres que notre ville a produits, et il disait très-justement qu'on n'en dit pas tout le bien qu'ils méritent. Son éloge sur M. de Montbel, son étude sur Dalayrac, n'étaient que le commencement d'une série d'illustrations toulousaines dont il voulait célébrer le génie. Il s'étonnait qu'on parlât peu de Fermat, le plus grand des mathématiciens connus, de Lapeyrouse, naturaliste des plus éminents, et de tant d'autres enfin, dont le cadre que je me suis tracé ne me permet pas de redire ici les noms.

Il y a quelque chose de touchant dans cette affection d'Auguste Pujol pour son pays, et dans le soin qu'il avait de mettre en relief tout ce qui l'a illustré. Il tenait à tout ce qui nous intéresse : le passé avait droit à tout son respect. Il ne voyait jamais disparaître sans regret les vieilles constructions, derniers témoins d'un état de choses dont tout nous éloigne, et dont nous chercherons en vain la trace dans quelques années.

Nous retrouverons ce même sentiment dans l'éloge de M. Sauvage qu'il prononça à l'Académie des sciences. M. Sauvage, né à Brives, était devenu un toulousain par sa longue résidence et ses relations parmi nous; il avait presque oublié son pays d'origine. Auguste Pujol, en nous racontant la vie du spirituel doyen de la Faculté des Lettres, nous a montré telle que nous l'avons connue sa bonne et sympathique figure. On sent que c'est d'un ami qu'il nous entretient. Liés d'amitié depuis bien longtemps, ils avaient tous les deux la finesse d'esprit qui leur permettait de se juger et de s'apprécier. Ils se rendaient réciproquement justice. Auguste Pujol pouvait mieux que d'autres écrire son éloge. Vous avez lu cette œuvre, messieurs, et vous avez pu la juger. Je ne m'attarderai donc pas à vous en faire remarquer le mérite.

Ce fut son dernier écrit. La mort devait bientôt le frapper; elle le surprit après quelques jours de souffrances qu'on croyait sans gravité. Tout à coup, sans qu'aucun symptôme eût révélé le danger, son mal s'aggrava au point que tout espoir de le conserver fut perdu. Messieurs, je pourrais m'arrêter là : après la mort de notre confrère, il ne devrait plus y avoir ici place que pour nos regrets. Mais je tiens à vous dire, avant d'achever, qu'Auguste Pujol fut toute sa vie un chrétien convaincu et un croyant sincère; que sa fin l'a prouvé sans que sa vie l'eût démenti. C'était d'ailleurs un esprit trop vaste et trop sérieux pour se laisser aller aux rêveries de ceux qui arrivent à croire à l'absurde pour éviter de croire au raisonnable. Non ! Pujol ne fut pas de ceux-là. Il a reçu, avant d'entreprendre le dernier voyage, les secours de la religion. Ces secours ont soutenu son courage. Ils ont été la seule consolation de sa famille et de ses amis, qui ne cesseront de penser à lui et de regretter sa perte.

Toulouse, Impr. Louis & Jean-Matthieu Douladoure.

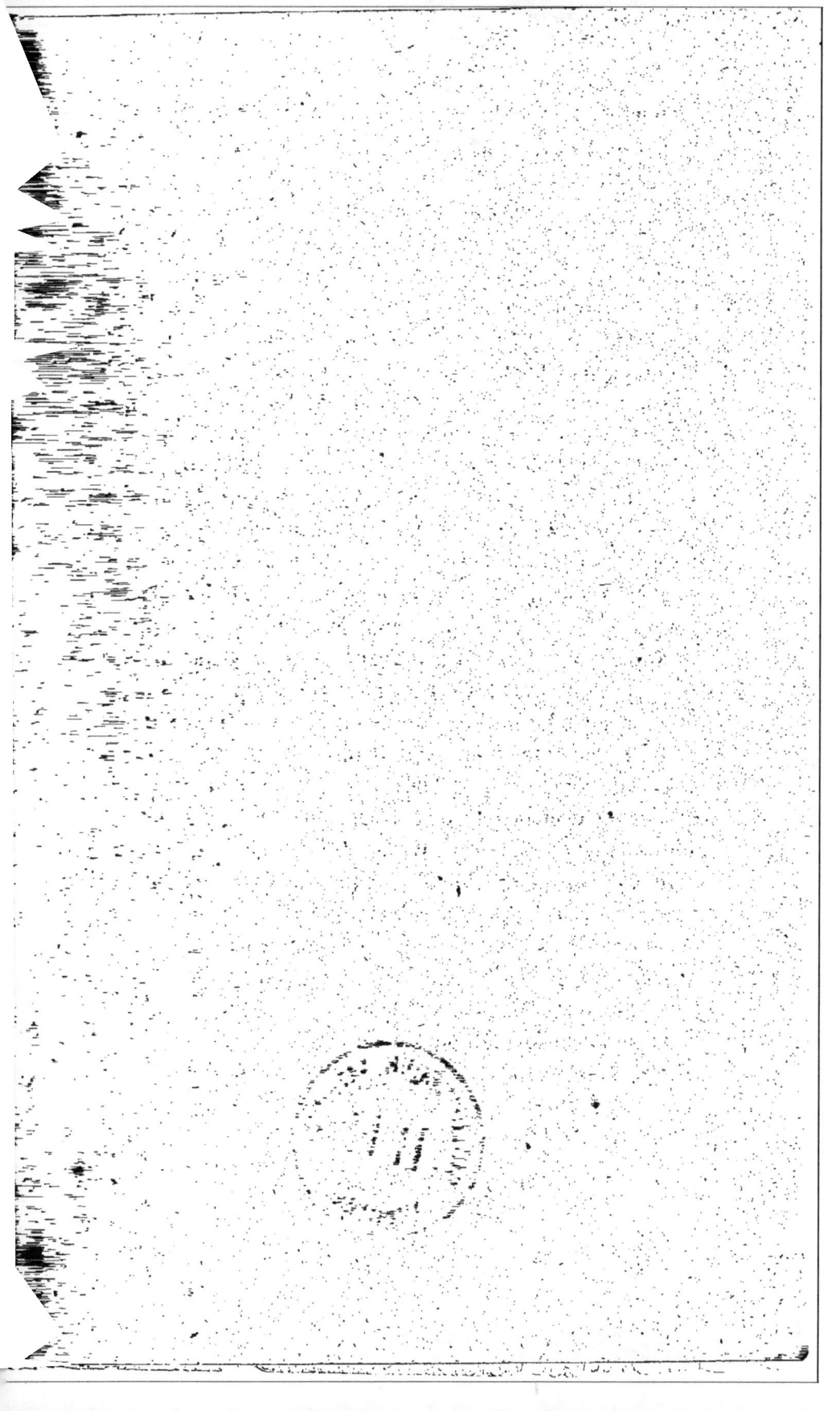

www.ingramcontent.com/pod-product-compliance
Lightning Source LLC
Chambersburg PA
CBHW060443050426
42451CB00014B/3208